人が生きる限り
そこには必ず
「日常」がある

　皆さんは日ごろ、世界や日本で起きていることをどんな風に知るでしょうか？ テレビやスマートフォンのネットニュース、街中の電光掲示板、あらゆる伝える手段を通じて、時には雪崩のようにどっと情報が皆さんの元に流れ込んでくるかもしれません。その中には上手くつかめずに戸惑うもの、悲しくなるもの、苦しくなるものも少なくありません。けれども世界に触れる中で出会うものは、必ずしも目をそむけたくなるもの、耳を塞ぎたくなるものばかりではありません。人が生きる限り、そこには必ず「日常」があるからです。

　この本はフォトジャーナリストとして各地を取材させて頂く中で、共に時間を過ごさせてもらった子どもたちと、写真を通して皆さんにも出会って頂き、「これから」について語り合いたい。そんな願いを込めて作ったものです。

　想像しながら読んでみてください。日本の遠く離れた街にも、海の向こうにも、私たちと同じように感情を通わせながら、笑い、泣き、大切な誰かを守りたいと願っている人々が日々を営んでいることを。そこには時に楽しげで、魅力的な世界も広がっています。きっと皆さんも、そんな未知の場に手を伸ばしたくなることでしょう。でも、もしそんな「日常」がある日突然奪われてしまったとしたら……。そのとき、私たちには一体何ができるでしょうか？

写真で伝える仕事
世界の子どもたちと向き合って

- 01 はじめに
- 03 写真で伝える仕事
  - 04 「写真で伝える仕事」を選んだきっかけは？
  - 08 なぜ写真なの？
  - 10 日々どんな仕事をしているの？
  - 12 大切にしていることは？
  - 14 危険な場所ではどうしているの？
  - 16 コラム：大きな宿題
- 17 世界の子どもたち
  - 18 ウガンダ
  - 20 シリア
  - 22 ヨルダン
  - 26 イラク
  - 32 フィリピン
  - 34 カンボジア
  - 36 陸前高田
  - 38 コラム：心の壁を乗り越えるヒント
- 39 私たちに何ができるのか

Chapter_01

写真で伝える仕事

ウガンダ・ルウェロ県

Q1

「写真で伝える仕事」を選んだきっかけは？

高校生のときにおもむいたカンボジアで人身売買された同世代の子どもたちとの出会いです

原点となったカンボジア

　まずはじめに、私にとって原点となった国との出会いをお伝えしたいと思います。皆さんは「カンボジア」という国の名前を聞いて何を思い浮かべるでしょうか？ テレビなどで少し触れたことがある方は、ジャングルのような森に囲まれた遺跡を想像するかもしれません。世界遺産にも登録をされている「アンコール・ワット遺跡群」へは、世界中から観光客が訪れます。ほかにも、皆さんの食卓に並ぶ「かぼちゃ」という野菜、実はカンボジアから伝わってきたものだということを知っていたでしょうか？「カンボジア」という国の名前がなまって、今の呼び名になったといわれています。そう考えると少し、この国に親しみを持ってもらえるのではないでしょうか？

　そんな美しい風景や美味しい食べ物を味わうことのできるカンボジアですが、この国で目にするものは必ずしも楽しいことばかりではありません。1960年代から30年以上もの間、カンボジアは内戦、恐怖政治や虐殺と、過酷な歴史をたどってきました。和平が結ばれてからも、その爪痕は「貧困」という形で残り続けています。

自分本位な気持ちからのスタート

　そんなカンボジアに私がはじめて足を運んだのは、高校2年生、16歳の夏休みでした。それだけ聞くと「意識高かったの?」「人助けのため?」なんて思われるかもしれません。答えはどちらもノー、でした。私の中できっかけになったことがふたつあります。ひとつ目は中学2年生のときに父が亡くなったこと、ふたつ目はその1年後、中学3年生のときに兄が亡くなったことでした。「家族って何だろう?」そんな漠然とした疑問がぐるぐる頭の中を渦巻いても、学校と家とを往復する毎日の中では、なかなか答えを見いだすことができませんでした。

　そんなある日、担任の先生に勧められたのが、「国境なき子どもたち※」という団体が派遣している「友情のレポーター」でした。このプログラムはアジアのどこかに日本の子どもが2人、子ども記者として取材派遣されるというもの。最初は全く興味がありませんでした。ただふと、気になることが湧き上がってきたのです。

共に時間を過ごした同世代の仲間たちと。©国境なき子どもたち

※活動内容は48ページで紹介しています

「全く違う環境で生きている同世代の子たちって、家族のことをどんな風に考えてるんだろう？」。自分の中のもやもやした問いに答えをくれるかもしれない。最初はそんな自分本位な気持ちで、この国におもむくことになりました。

家族のことを一番に思う同世代の子どもたち

　皆さんは「トラフィックト・チルドレン」という言葉を知っていますか？ 売り買いされた子どもたち、つまり「人身売買された子どもたち」をそう呼ぶことがあります。内戦終結後のカンボジア、特にその農村部には、日々の食料にも欠く貧しい人々が多く暮らしていました。そんな家庭に「トラフィッカー」と呼ばれる、人を売り買いすることを仕事にしている人々が近づいていきます。「ねえお母さん、子どもを僕に売ってくれたら、働かせながら学校に行かせますよ。お母さんの家じゃ貧しくて、学校に行かせること、できないでしょ？」と言葉巧みに持ちかけます。こうして騙されて売られていった子どもたちは、炎天下で一日中物を売らされたり、「お金ください」と観光客に物乞いをさせられたり、もちろん学校になんか通えません。私が一緒に時間を過ごしたのは、そこから保護され、施設で暮らす同じ世代の子たちでした。

　「僕もう、涙なんて枯れきっちゃったよ」。15歳の少年、テアンが私に淡々と語ります。それぞれたどってきた過去はどれも壮絶でした。自分自身に値段がつけられた記憶、売られた先で「稼ぎが少ないぞ！」と、殴られ、蹴られるだけではなく、電気ショックまで与えられて虐待を受けた話。ただそれ以上に、衝撃だったことがあります。「私は今こうして施設にいて、食べ物、寝る場所もあるの。でも家族は今ごろ、食べ物さえないかもしれない……」。隣で手を握ってくれていた同い年の女の子、ソフィアちゃんがワッと泣きだしました。皆が一番に訴えてきたのは、自分自身のことではなく、家族のことだったのです。「これだけつらい経験をしてきたのに、どうして……？」。自分以外に守りたいものがある子たちの強さに、ただ圧倒されてしまいました。「家族は、友達は、どうして分かってくれないの？」と、自分しか守るものがなかったもろい自分が、恥ずかしくなりました。

タイとの国境付近、市場で働く子どもたちと。©国境なき子どもたち

五感で感じてきたことを誰かと分かち合いたい

　帰国して、私は何かを「返したい」と思ったのです。人として生きる上で大切なことを教えてくれたカンボジアの彼らに、せめてものお返しがしたい、と。私にとって貧困や人身売買はもう「遠くの国の、何となく大変なもの」ではなく、「私」と「あなた」という関係を結んだ友達が抱えた問題でした。ところがすぐに気がつきます。「私には……何にもない」。自分はお金をたくさん持っているわけではない。だから出会った子たち皆に、毎日お腹いっぱいになってもらうこともできない。自分には特別な技術があるわけではない。だから誰かがけがをしたり、病気になったとしても、治療することはできない……。「ない！ない！」ばかりが頭に浮かぶ中で、唯一残っているものが、五感で感じてきたカンボジアだということに気づきます。「見たこと、聞いたこと、感じたこと、こうして友達からもらったたくさんのことを、誰かと分かち合うことはできるかもしれない」。それが今の仕事の出発点となりました。

なぜ写真なの?

「知りたい」の最初の扉を作れるからです

関心に近づけるはじめの一歩

　皆さんも日ごろスマートフォンやカメラで写真を撮ることがあると思います。記録に残したり、何かを伝えたり、表現手段には様々なものがありますが、「写真」という表現ならではの良いところ、皆さんはどんなところだと思いますか?

　例えば皆さんが本屋さんに入って本を手に取るとき、その内容に元々興味があるからこそ手に取るのではないかと思います。レンタルショップで映画を手に取るときも、やはり中身に関心があったから、ではないでしょうか?

　一方写真の場合は、看板や電車の中のポスター、ふと開いた雑誌の中、と何気ない日常の中で目に飛び込んできます。もしもそれが力のある写真だった場合、「あれ? 何だろう?」と、無関心だったものを一歩関心に近づけることができるはずです。そこから「もっと知りたい!」となれば、文字や動画のように情報量の多い表現手段の役割かもしれません。写真ができるのはその「知りたい」の最初の扉を作ることです。「0」には何をかけても0のままですが、「1」を作ればそれが、2、3、と増えていく。そのはじめの一歩を築く可能性を秘めているのが、写真という手段ではないでしょうか。

　私の場合、高校生のときに目にした1枚の写真がそんなきっかけを作ってくれました。フォトジャーナリストの渋谷敦志さんが撮った、当時まだ内戦中のアフリ

カの国、アンゴラの難民キャンプで生き抜くお母さんと赤ちゃんの写真です。たった一瞬を切り取っただけの写真が、何年もかけて人の心に刻まれ続けることがある、という最初の実感を持った写真でした。大学に入り、渋谷さん本人と出会えたことが、本格的にこの道に進む、さらなる後押しとなりました。

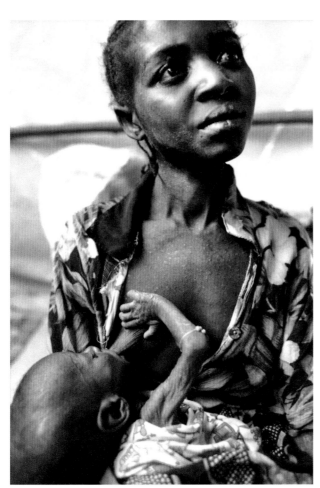

©Atsushi Shibuya

カンボジアから帰国した後に足を運んだ写真展で、偶然出会ったこの1枚。写真の前で、足が動かなくなった。その後も心に残り続け、写真の道に進む大きなきっかけとなった。

渋谷敦志（しぶや・あつし）
1975年、大阪府生まれ。大学在学中に1年間、ブラジル・サンパウロの法律事務所で働きながら写真を本格的に撮りはじめる。第3回MSFフォトジャーナリスト賞、日本写真家協会展金賞、視点賞・視点展30回記念特別賞などを受賞。東京を拠点に、アフリカやアジアの国々で、紛争や貧困、災害の地で生きる人々の姿を写真と言葉で伝えている。

Chapter_01 写真で伝える仕事

Q2 なぜ写真なの？

Q3

日々どんな仕事を
しているの？

自分自身の視点や時間のかけ方を
大切に保ちながら取材をし、
写真を通して皆さんに伝えています

取材は「頂きもの」

　フォトジャーナリスト、というのは多くの方にとってなじみのない仕事ではないでしょうか。仕事の形態は様々ですが、大きな新聞社や通信社に所属をしていない私たちは、「東北の復興は進んでいるだろうか？」「難民問題はこれから深刻化するのではないだろうか？」と基本的にはどこに足を運び、どんなものを写すのか、自分たちの意思によって決めていきます。決して安定した立場ではありませんが、組織や会社の意図ではなく、自分自身の視点や時間のかけ方を大切に保ちながら、取材を進められることに大きな意義があると思っています。
　どこにおもむくときも、取材は「頂きもの」といつも自分に言い聞かせています。撮らせて頂く、時間を共にさせて頂く、言葉を頂く……。だからこそ私たちの仕事は、現場の取材だけでは完結しません。それに対してお返しができるのは、やはり託されたものを少しずつ共有して、その輪を広げることだと思ってきました。雑誌や新聞、ネット媒体、さらに講演活動や写真展など、自分にできる手段を最大限用いて、実際にその"頂いた"ものを伝えていきます。皆さんが今読んでくれているこの本も、その形のひとつです。

「置き去りにしない」こと

　私たちは、日々様々なニュースに触れていますが、「NEWS」という文字にあるように、"NEW"、つまり「新しく起きたこと」を伝えられるのが基本です。例えば「今日○○という街で爆撃がありました」「○○市で仮設住宅ができました」という情報です。けれども「難民となった人たちが、まだ隣国に暮らし続けています」「仮設住宅にまだ人がいます」というように、長期化してしまった状況にはなかなか光が当たらなくなっていきます。本来は長引くほどに、問題の根っこがより深くなってしまうにも関わらず、時と共に声が届かなくなってしまうことがあるのです。

　難民問題や被災地の復興、世界が抱えるあらゆることは、多くの人々にまず認識をされない限り、社会の中で"問題"として扱われません。けれどもほとんどの場合、その"問題"を抱えた人々は、自ら声を出せない立場にあります。テレビや新聞などの大きなメディアのように、一度に多くの人々に伝えることは難しいかもしれません。ただ細くても長くその場におもむき続けることが、私たちの仕事で問われることのひとつ、「置き去りにしない」につながると思っています。

ヨルダン北部、シリアの人々が暮らすザータリ難民キャンプでの取材中。©国境なき子どもたち

大切にしていることは？

シャッターを切る前にまず、人の声に耳を傾けることです

陸前高田の一本松が教えてくれたこと

　今でも教訓として、心に刻み込んでいることがあります。2011年3月、立っていられないほどの揺れの後、大津波が東北の海沿いの街をのみ込んでいきました。この東日本大震災発生後に向かったのは、岩手県の沿岸の街の中で一番南に位置している、陸前高田市でした。夫の両親が当時、この街で暮らしていたからです。どこまでも広がる瓦礫（がれき）の山を前に、ただぼう然と立ち尽くしました。街のいたるところで、消防団や警察官がその瓦礫をかき分けながら行方不明の方々を探しています。一体何をどう伝えていけばいいのか、戸惑うことしかできませんでした。そんなとき、唯一しっかりとシャッターを切ることができたのが、この一本松の写真でした。かつては日本百景のひとつとしても知られ、7万本の青々とした松林がここに広がっていました。その中でただ一本波に耐え抜いたのがこの松だったのです。

誰の立場に立つべきなのか

　皆さんはこの写真を見て、どんな気持ちを抱くでしょうか？　私はこの松をはじめて目の当たりにしたとき、「一本だけ波に耐え抜いたなんて、すごい！」と瞬時に力が湧きました。夢中でシャッターを切ったこの写真は新聞に掲載されて、「希望の松」とタイトルがつけられました。「ようやくこの街のことが伝えられる！」そう思った私

Chapter_01 写真で伝える仕事　Q4 大切にしていることは？

は、真っ先に、津波から生き残った夫のお父さんにその記事を見せに行きました。

「なんでこんなに海の近くに寄ったんだ！」。お父さんは記事を目にした瞬間、少し語気を強めてこう言いました。市街地の建物はほとんどが流されてしまい、揺れも収まっていませんでした。もしこのとき、津波が来たらどこに逃げるつもりだったの？　と。あの3月11日、20メートル近い波が押し寄せてきたとき、お父さんは勤めていた病院の4階で、真っ黒な濁流に首まで浸かりました。たった1枚の写真が、その時の記憶を一気に呼び起こしてしまったのです。

「あなたのように、震災以前の7万本の松と一緒に暮らしてこなかった人たちにとっては、これは希望に見えるかもしれないよ。だけど僕たちのようにここで生活してきた人たちにとっては、あの松林が一本"しか"残らなかったんだって、波の威力の象徴みたいに見えるんだよ」。お父さんが続けた言葉にハッとしました。自分は一体誰の立場に立って写真を撮ろうとしていたんだろう？　誰のための希望を撮りたかったんだろう？　シャッターを切る前にまず、人の声に耳を傾けよう。そんな大切な気づきをくれたお父さんの言葉には、今でも大きな感謝を抱いています。

危険な場所では
どうしているの？

大切なのは、出会った人々の
苦しみや悲しみの根源に近づくこと

声を届けることができない人たちの"声"

　特に海外取材の中では、私たちが暮らしている街よりもはるかに治安が不安定な場所に踏み込むことがあります。事前に情報を慎重に集める、何かあったときの連絡体制を整える、行動パターンを毎日一緒にしない、など心がけていることは様々です。日々状況が変わる中で、現地の事情を詳しく知っている人に巡り合えるかも重要な点です。最大限気をつけてはいますが、万が一何か起こった際、必ず誰かが察知して動いてくれるような関係性を築くことも、身を守る要となってきます。

　よく「どうして危ない場所に行くの？」という質問を受けることがあります。大前提として私自身は、"危険地"に行くことを取材の目的としていません。大切なのはあくまでも、出会った人々の苦しみや悲しみの根源に近づくことです。ただ「声を届けることができない人たち」が暮らしているのは、安全な場所とは限りません。

　「そうだとしても、日本の人たちがわざわざ行く必要があるの？」という疑問もまた投げかけられます。想像してみてください。毎日たくさんのニュースが世界の出来事を伝えています。現に今もどこかで紛争や災害が起こっていますが、何か「遠い出来事」のように感じてしまうことはないでしょうか。でも例えば、それを現場からレポートしているのが、私たちと同じ国の人間だったとしたら、単にニュース映像

を眺めているのとは、とらえ方が変わってくるかもしれません。こうして心の距離を縮めることが、私たち自身で声を伝える最も大きな目的です。

「もっと知りたい」と思えるような伝え方を

　時々ジャーナリストがどこかでトラブルに巻き込まれると、"自己責任"という言葉が飛び交います。確かに私たちは自分の責任で、慎重な選択を心がけなければなりません。ただそれでもリスクをゼロにする、というのは不可能です。欧米ではそういった"自己責任"という言葉が飛び交うことはまずない、とジャーナリストたちはいいます。「もっと現場で起きていることを知りたい」「そのためにジャーナリストの仕事がある」と人々が広く認識をしているから、と。私たち自身もこの仕事を切り捨てるような声が起こる以前に、「もっと知りたい」と思えるような伝え方を模索し続けなければならないのでしょう。

イラク北部、激しい戦闘を経て破壊された街に、人影はなかった。

column
大きな宿題

　2015年2月1日、とても悲しいニュースが日本に伝わってきました。IS※(いわゆる「イスラム国」)によって人質となっていた湯川遥菜さんに続き、ジャーナリストの後藤健二さんが殺害されたとされる映像がネット上で流されたのです。

　頭が混乱したまま、その日のうちに取材のため、シリアの隣国、ヨルダンに飛びました。翌2月2日の夜、事件の緊急対策本部が置かれていたヨルダンの首都、アンマンの日本大使館の前に、ひとつ、またひとつと小さなキャンドルが灯ります。「日本の友人たちのために祈りましょう」と、100人を超えるヨルダンの人々が追悼集会のために呼びかけ合い、集まってくださったのです。

　ヨルダンの人々だけではありません。戦闘を逃れ、この国に身を寄せているシリアの人々も、「日本人か?」「大丈夫か?」と絶えず声をかけてくださったのです。シリアでは友達や親戚が殺されたことがない人がいないくらい、毎日のように熾烈な戦火が人々をのみ込み続けています。そんな深い悲しみを抱えていても、彼らは国籍、国境を超え、私たちのために祈りを捧げてくれました。それと同じくらい私たちは、彼らの平和を願うことができていただろうか……。あの日、私に投げかけられた、大きな宿題だと思っています。

※IS……イスラム教原理主義過激派の武装組織

Chapter_02
世界の子どもたち

カンボジア・パイリン州

UGANDA
ウガンダ

ウガンダってどんな国？

アフリカ東部に位置するウガンダ共和国。地平線まで緑が広がるその豊かな自然から、"アフリカの真珠"と呼ばれています。そんな美しい国ですが、アフリカで最初にエイズ患者が見つかった場所でもあります。エイズウイルス／HIVは、血液や粘膜を通して体に入り込み、発症すると体の免疫力を奪ってしまいます。ウガンダでは長年このウイルスが猛威を振るい、その中で親を失った子どもたちが120万人にものぼるといわれています。

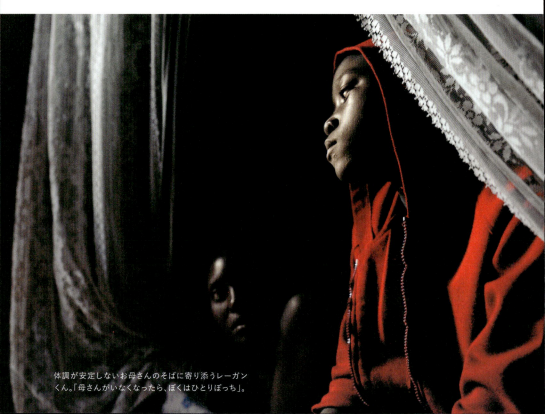

体調が安定しないお母さんのそばに寄り添うレーガンくん。「母さんがいなくなったら、ぼくはひとりぼっち」。

生まれながらにHIVと闘うレーガンくん(13歳)

ウガンダの首都、カンパラ。にぎやかな市場や大通りの喧騒のすぐ裏側、赤土の上にひしめき合うバラック小屋の一角で、13歳の少年、レーガンくんと出会いました。お父さんはHIVが原因で亡くなり、今はお母さんと、トタンで作られた6畳ほどの小屋に肩を寄せ合って暮らしています。お母さんはお父さんからHIVに感染し、そしてレーガンくん自身も生まれるときに、お母さんの血液から感染していました。HIVは人に感染する力がとても弱く、一緒にいて、空気や皮膚を通して感染することはありません。けれども差別や偏見は、根強くレーガンくんの周りにも残っています。「薬を飲むと肌が荒れるんだ。だから学校の友達にもすぐに感染が分かって、誰も僕に近づかない」。レーガンくんがうつむきながらそうつぶやきました。そんなレーガンくんの夢は、「弁護士になって、自分を守ってくれた家族を、今度は自分が守る」こと。以前は高価だった薬も、研究や支援が進むにつれ、ぐっと手に入りやすくなりました。人々の間にも、正しい知識が徐々に広がっています。レーガンくんがもっと自由に夢を描ける日が今、少しずつ近づいています。

〔左〕薬の影響で荒れることが多いレーガンくんの肌。教科書は兄たちのものをそのまま使っている。〔右上〕指先に針を刺し、血液をとってHIV感染の検査を行う。〔右下〕お兄さん、従妹と共に、アフリカで一番大きな湖、ビクトリア湖のほとりをお散歩。

SYRIA
シリア

シリアってどんな国？

アラブ諸国の中で最も北に位置するシリアは、日本の面積の半分ほどの小さな国です。古くから商人の交易で栄え、首都のダマスカスは世界最古の都市のひとつにも数えられています。旧市街地の建物の多くが世界遺産に登録されていましたが、2011年3月、長くこの国を支配してきた政府に対し、自由を求めるデモが起きるようになりました。やがてそれが内戦となり、1000万人が国内外で避難生活を送っているとされています。シリアの元の人口が約2200万人といわれていたことを考えると、およそ半数が家を追われたことになります。

首都ダマスカス郊外、ジャラマナ。通りに出ると、いつも人懐っこく子どもたちが声をかけてくれた。

奪われ続ける子どもたちの"日常"

　シリア、という国の名前を聞いて、皆さんは何を思い浮かべるでしょうか？ 2009年まで取材で訪れていたシリアには、とても穏やかな時間が流れていました。首都ダマスカスの古くからの街並みには、スーク（市場）の小路の両側に、色とりどりの服や名産の石鹸、香ばしいパンやケバブ、活気に満ちた店々が所せましと軒を連ねていました。そんなダマスカスを一望できるカシオン山は、美しい夕日や夜景を見ようとやってくる家族連れでいつもにぎわっていました。風景の美しさだけではありません。道端で遊ぶ小さな子どもたちが、「ようこそ！」と駆け寄ってきます。そんな子どもたちのお父さん、お母さんが「よかったらお茶でも」と軒先で声をかけてくれます。温かな輪があっという間に広がり、毎日のように誰かの家へ食事に呼ばれていました。今、国内でも比較的安全といわれていた首都の周りでも、時には大きな爆発が起きることがあります。空爆や銃撃戦で、廃墟のようになってしまった街もあります。当たり前のように過ごしていた日常が、シリアでは今も奪われ続けているのです。

〔左〕カシオン山から首都ダマスカスを一望した夜景。〔右上〕「お帰りなさい！」と歌を歌って出迎えてくれた子どもたち。
〔右下〕カシオン山の頂上近くはいつも、家族や友人連れでにぎわっていた。

JORDAN
ヨルダン

ヨルダンってどんな国？

ヨルダンは、パレスチナやイラクなど、周辺から難民を受け入れ続けてきました。中東にありながら石油などの天然資源が乏しく、不安定な周辺国の情勢に経済的にも社会的にも大きな影響を受ける国のひとつです。北に位置しているシリアからは正式に登録をされているだけで70万人近くの難民が身を寄せていますが、実際にはさらに多くのシリア人が避難しているといわれています。ヨルダンの人口は約760万人です。およそ10人に1人がシリア難民、という状態が続いています。

夏のヨルダンは、朝から日差しが強まる。ゴミ山からお金に換えられそうなものを拾うことからムハンマドくんの一日がはじまっていく。

ゴミを拾い家計を支える ムハンマドくん（11歳）

　ヨルダン北部に位置する最大の難民キャンプ、ザータリ難民キャンプ。6万人が暮らせるようにと作られた敷地の中に、8万人近くがテントやプレハブに身を寄せ合って暮らしています。時折、視界を覆うほどの砂ぼこりが舞い上がり、人々が顔をしかめます。砂地の環境はどの季節も過酷です。じりじりと太陽が照りつける昼から、夜には一変、がくっと気温が下がり、体力を容赦なく奪っていきます。特に子どもを抱える親たちからは、健康状態を心配する声が絶えません。そんな厳しい生活を強いられながらも、ここで暮らす人々には、自由な出入りが許されていません。皆さんは「難民の生活」というと、そんなキャンプでの暮らしを想像するのではないでしょうか。けれども難民キャンプに入りきれない、あるいは難民キャンプの劣悪な環境を離れようと、シリアから逃れてきた人々のうち8割近くが、キャンプの外の街にひっそりと身を寄せているのです。

〔左〕見渡す限りテントやプレハブが並ぶザータリ難民キャンプ。〔右上〕夕方、少し暑さが和らいだころ、大人も子どもも集いサッカーがはじまる。日が落ちるまでの、ささやかな楽しみのひとつだ。〔右下〕キャンプの食事。パンや缶詰の豆などが中心。ガスの支援は十分になく、温かい食べ物が食べられる機会は限られる。

6畳間ほどの小さな部屋に家族と暮らす

〔左〕シリアの人々が身を寄せる場所は、日が当たらない場所や坂道の上など、家賃が安い家が多い。〔右上〕日が落ち、少しだけ涼しくなると、昼間は家の中でひっそりと過ごしていたシリアの子どもたちがようやく外で遊びはじめる。〔右下〕ムハンマドくんが毎朝集めているというパンのかけら。

　ヨルダンの首都アンマン。高層ビルやショッピングモールが連なる中心街を抜けると、山の斜面に小さなアパートが立ち並ぶ一角に差しかかります。中でもひと際薄暗く、じめじめとした小部屋に、11歳の少年、ムハンマドくんは暮らしています。6畳間ほどの小さな部屋には、寝具とカーペット以外、家具はほとんど見当たりません。部屋の片隅には弟たちの背丈ほどもある大きな麻袋が積み上げられています。その中には乾燥したパンのかけらがぎっしりと詰まっていました。「僕たちの食べ物じゃないよ」。ムハンマドくんがぽつりとつぶやきます。「全部、家畜のエサとして売りに出すんだ」。

　日が昇り、街が少しずつ動きだそうという静かな軒の間をぬって、ムハンマドくんは人目を避けるように早足で歩き回っていました。「この鉄くずは高く売れそうだよ。このパンのかけらも、何とか売り物になる」。人々が夜のうちに路上に出したゴミの中から、お金に換えられるものを拾い集めるのが、ムハンマドくんの"仕事"でした。一日中歩き回っても、稼ぎは一家の食費さえ満たすことができません。

終わりの見えない避難生活

「シリアにいたころは、勉強が大好きな子だったの」とお母さんが悲しそうに語ります。ムハンマドくんのお父さんは、シリアで戦闘に巻き込まれ、2年以上も行方が分かっていません。「ヨルダンでも何とか学校に行かせてあげたいんです。でもこの子の稼ぎがなくなってしまったら、家賃が払えなくなり、またシリアへと戻らなくてはならないかもしれないんです」。家族の葛藤が続いていました。

ヨルダンではシリアから逃れた難民たちが働くことが認められていません。家賃や生活費を稼ぐために、子どもたちが路上や工場での不法労働を続けることが少なくないのです。ここ隣国では確かに、爆撃もなく、身の安全を得ることはできるかもしれません。けれども「日常」を取り戻すことはできないまま、家族たちは終わりの見えない避難生活を送っています。

家の中でビー玉遊びをするムハンマドくんの弟、アーユくん。学校に通えず、近所にまだ友達ができないから、と家の中でひとりで過ごすことが増えたという。

IRAQ
イラク

イラクってどんな国？

2003年、長くこの国を統治してきたサダム・フセイン氏率いるバース党体制がイラク戦争で崩れました。その後も治安や政情の不安定な状態が続いています。2014年6月、ISがイラク第2の都市であるモスルを制圧し、その後も勢力を拡大しました。経済が停滞しただけではなく、家を追われ、国内で避難民となった人々は340万人、隣国シリアからも国境を越え、25万人以上の難民が逃れてきています。その多くが、比較的情勢の安定している北部、クルド人自治区に身を寄せています。

イラク軍とISの戦闘、空爆から逃れた人々が身を寄せていた学校の中。小さな子どもたちの姿が目立つ。

イラク軍とISとの戦闘の中で行き場を失う住人たち

　地平線の彼方まで広がる乾ききった大地。それを覆う空は舞い上がる砂ぼこりのせいか、褐色にかすんで見えます。やがて真っ黒い雲のようなものが行く手から見え隠れしはじめました。車を走らせ近づいていくごとに、それがただの雲ではないことに気づきます。「ISの兵士たちが逃げ去る前に、油田に火をつけていったのです」。近くにいたイラク軍の兵士が、低い声で私たちにそう告げます。以来3ヵ月以上もの間その油田が燃え、分厚い煙が噴き出し続けていたのです。

〔上〕ISの兵士たちが火をつけ、燃え続けている油田。煙で街を覆い、空爆から身を隠そうとしていたという。〔下〕真っ黒な煙で覆われ続けている村は、朝なのか、夕方なのか、見分けがつかないほど、どんよりと暗いままだ。

爆撃で廃墟と化した家々

　イラク第2の都市モスルから約60km南に位置するハジャリと呼ばれる街。爆撃で家々は廃墟と化し、恐ろしいほどの静けさが辺りを支配しています。かつての住人たちは男女に分けられ、小さな学校に押し込められています。出会う人々の顔はどれも、何かにおびえきっているかのようでした。こうして一所に集められ、誰がISに加担し、誰がそれ以外の住人たちだったのか、ふるいにかけられていくのです。自由な出入りが許されない中で、けがや病気を抱えた人々が弱っていきます。時々「ドドーン」と野太い爆発音が彼方から響くと、子どもたちや若い女性たちが「ひっ」と短い悲鳴をあげ、耳をふさぎます。「不発弾だな」と兵士たちが顔色ひとつ変えずつぶやきます。

　イラク軍がモスルをISから取り戻せば、新たに100万人以上の人々が行き場を失うといわれています。この国の戦争にはまだ、終止符が見いだせずにいます。

〔左〕無人のクリニックの前で泣き続けていた青年。戦闘を経て、心を病んでしまったのだという。〔右上〕人が逃れた後の村は、ただ風の音だけが響いていた。〔右下〕建物のいたるところに銃弾を使った跡が残り、この村が経た戦闘のすさまじさを物語っていた。

少し暖かな日差しが雲間からのぞいた夕方。外に遊びに出てきた避難生活を続けるヤズディ教徒の子どもたち。

戦火を逃れても続く苦難

　そんな戦火を逃れてもなお、人々の苦難は続きます。イラク北部、クルド人自治区、ドホーク県郊外の山道を抜けていくと、やがて緩やかな斜面に家々が点在する、小さな集落にたどり着きます。その片隅には、作りかけのまま放置された建物が並び、ヤズディ教と呼ばれる宗教に属す人々が避難生活を送っていました。

　ヤズディ教はイラクやシリア、トルコなどに点在する少数宗教で、全体の数は60万人前後、イラクだけで数十万人が暮らしているといわれています。イラクの中でも特にヤズディ教徒の人口が多い町、シンジャルが2014年8月、ISによって制圧され、包囲された人々が山の上に孤立しました。ISは彼らを"邪教"として男性を殺害し、女性を連れ去って奴隷にしてしまうなど、過酷な扱いを続けてきました。

故郷に帰れないまま亡くなったナブラスさん(13歳)

建物の一角から絶えず、悲鳴のようなうめき声が聞こえてきます。「お腹が痛いよう！息が苦しいよう！」。

未完成の家の中、石造りの壁は底冷えし、ひとつしかない小さなストーブの熱を容赦なく吸い取っていきます。木枠にビニールを張っただけの窓からは時折、鋭く風の吹き込む音が聞こえてきます。小さなベッドに横たわるナブラスさんの顔を、家族たちが何度も不安げにのぞき込みます。つい数日前に、「故郷に戻ったら学校に行きたい」とこれからを語っていたというナブラスさん。今は会話をするどころか、家族の顔さえ分からない状態でした。

ナブラスさんは避難生活の前、シンジャルに暮らしていたころからガンを患い、治療を受けていました。ある日突然ISの兵士たちが街を襲い、家族たちは必死で逃れながら、病院のある街を目指しました。イラクでは本来、医療を無料で受けることができます。けれども戦闘が続くイラクの経済は日に日に厳しくなり、そのしわ寄せが医療にも及んでいたのです。

ナブラスさんの一家が身を寄せていた建設途中の家。小さな子どもたちを抱える4家族が、このひとつの建物で避難生活を続けていた。

地雷が残された地で暮らす メイちゃん（5歳）

「ドーン」と鋭い爆発音が、静かな農村に響き渡りました。爆破処理された地雷の衝撃が、200メートル以上離れている場所にいても、ズンとお腹に伝わってきます。地雷は主に地中に忍ばせる兵器です。人や車が気づかずそれを踏むと爆発し、手足を吹き飛ばされたり、命まで奪われることがあります。けれども貧しい人たちは地雷が埋められていると分かっていても、その土地を畑として耕して生活していかなければなりません。この兵器が大量に残されている場所のひとつ、バッタンバン州カムリエン郡。日本の支援団体「IMCCD※」が活動し、地雷処理だけではなく、学校を建設し、日本語教室も開いています。安全な土地を増やすだけではなく、復興を担っていける人が育っていくことが、村の未来を切り開いていくからです。メイちゃんはお兄さんと一緒に、自転車を30分以上こいで教室に通っています。将来の夢を尋ねてみると、「まだ分からないけど、村の役に立つ人になりたい」と、はにかんだ顔で教えてくれました。これからの平和への歩みを担う子どもたちが、こうして着実に村の中で育っています。

〔左〕地雷で片足を失った元兵士のケインさん。〔右上〕この日は戦車を狙った大型の地雷が見つかった。農作業中のトラクターがこれを踏み、大事故につながることも少なくない。〔右下〕農村部の夜明け。雨が多い季節の大地は特にみずみずしい。

※活動内容は48ページで紹介しています

JAPAN
陸前高田

陸前高田ってどんな街？

岩手県の沿岸の街の中で最も南に位置する陸前高田市は、"岩手の湘南"と呼ばれるほど、県内でも比較的穏やかな気候の街として知られてきました。その豊かな地形を活かし、牡蠣やホタテの養殖も盛んです。2011年3月11日、東日本大震災で、最大17メートル超の大津波がこの街を襲い、1800人近くが犠牲になりました。家や商店をもう一度建てるための土地の整備は6年近く経った今でも続いています。

できたばかりの中学校の制服を着て、お父さん、お母さんと小学校の卒業式に臨んだあかりさん。

仮設住宅の暮らしが続く 佐藤あかりさん（13歳）

　2011年3月、大津波が街の中心地をのみ込み、行き場を失った人々が公民館や学校の体育館に身を寄せました。その後、小学校の校庭につくられた仮設住宅に暮らしはじめた佐藤あかりさん。小さな部屋に、両親と妹、弟の5人がぎゅうぎゅうになって生活を続けています。東日本大震災が起きたとき、あかりさんはまだ小学校1年生でした。2015年9月、集中豪雨で仮設住宅の住人たちが体育館に避難した夜がありました。お年寄りに「大丈夫ですか？」「今、毛布持ってきますね」と率先して声をかけていたのはあかりさんでした。「あの津波が起きた日、私の友達は、学校へ迎えに来たお母さんと避難する途中で津波にのまれてしまいました。たとえ子どもでも、自分の判断で身を守ったり、誰かを守る力をつけなければならないと思うんです」。守られる側から、守る側へ、あかりさんは少しずつ成長を遂げてきたのです。2016年秋、あかりさんの通う中学校の新校舎が、海の見える丘の上に完成しました。こうして日常への道のりを一歩一歩進んでいくあかりさんの姿に、この街の未来が映っています。

〔左〕仮設住宅に入居したばかりの2011年冬、この日は支援団体と共に餅つきがあり、住人たちが中庭に集った。〔右上〕震災直後の3月、陸前高田市街地。〔右下〕60世帯ではじまったこの仮設住宅も、少しずつ空き部屋が目立つようになった。

column

心の壁を乗り越える
ヒント

　どんな国におもむいても、必ず目にする遊びがあります。ボールひとつではじめられるスポーツ、サッカーです。貧しい人々の暮らす小屋が並ぶ"スラム街"横の広場、難民キャンプの片隅、住宅が軒を連ねる路地裏でも、ボールを蹴りながら走り回る子どもたちの姿があります。

　例えばイラクでは、男の子のはやりの髪型は世界的なスター選手のクリスティアーノ・ロナウド、ユニフォームはヨーロッパの人気チームのバルセロナ、大きな試合がテレビで流れた次の日は、その話題で持ちきりです。「日本から来た」と伝えると、世界を舞台に活躍する日本人選手の名前が彼らから返ってくることがあります。たとえ言葉が通じなかったとしても、好きな選手の名前を出し合ったり、時にはボールを一緒につなぎながら、不思議な一体感が生まれることがあります。

　皆さんがいつか海外から人を迎えたり、自分から飛び出していったとき。心の壁を乗り越えていく、ひとつのヒントになるかもしれません。

Chapter_03
私たちに何ができるのか

ヨルダン・ザータリ難民キャンプ

誰にも必ず
持ち寄り合える
役割がある

"無知"がいかに人を傷つけるか

　皆さん、ここまで読んでくださって、どんなことを感じたでしょうか？ 時には厳しい現実を前に、「知らなければ、苦しくならなかったのに」と思うことが、かつて私にもありました。では私たちは一体、何のために学び続けているのでしょうか？

　高校生でカンボジアを訪れ、すっかり仲良くなった同世代の女の子たちと、好きな男の子や恋の話をして盛り上がっていたときのことです。その輪からひとりぽつんと離れて、うつむいている女の子がいました。Sちゃんと呼ばれていたその女の子は、大人しく控えめで、けれども一緒にいるときは笑顔の絶えない、柔らかな空気を持つ子でした。そんな彼女の表情が一気に曇ったのはなぜだろう。気になりつつもそのときは、楽しい話ばかりにただ、夢中になっていました。

　次の日、NGO※のスタッフさんがそっと私に教えてくれました。「Sちゃんはここに来る前、売春を強要されていたようなんです」。トラフィックト・チルドレンの中でも、女の子の場合、売春宿に売られるケースが当時数多く報告されていました。Sちゃんは過去のトラウマから、好きな男の子ができても、上手く近づくことができなかったのです。「自分は汚れている」という思いが頭を離れないから、と。

　とてつもなく大きな後悔が心の奥底から湧き上がりました。自分の軽はずみな会話で、彼女をどれだけ傷つけてしまったのだろう。けれどもカンボジア滞在最

カンボジア・バッタンバン州。国境なき子どもたちが運営する「若者の家」に、村から勉強のため子どもたちが集う。

　終日、彼女はまたいつものように静かに笑い、「必ずまた来て」とぎゅっと手を握ってくれました。あの時のSちゃんの手の温かさを忘れたくない、と今でも思っています。

　この出会いを通して痛感したのは、"無知"がいかに人を傷つけるか、ということでした。もしも私が少しでも、カンボジアや人身売買について学んでここに来ていれば、Sちゃんの苦しい気持ちを呼び起こすことはなかったかもしれません。相手の抱える問題を知らないがために、言葉で、行動で、その人の心の傷に触れてしまうかもしれないのです。私の中で"学ぶ"ということは、自分以外の誰かの心を守るためのものとなりました。

　厳しい現状を知ってしまったために、苦しい気持ちになるかもしれません。ただその苦しみと少しずつ向き合っていくのか、それとも知らないまま過ごし、知らず知ら

NGO……貧困、飢餓、環境など、社会的な問題に対して、民間の立場から利益を目的とせず取り組む団体のこと。関わる問題ごとに様々なNGO団体がある。

ずのうちに誰かを追い込んでしまうのか。本当に"豊か"な生き方はどちらだろう？ それは今でも仕事を続けながら、自分に問い続けていることかもしれません。

「なぜ？ どうして？」と湧き上がってくる疑問

　もうひとつ、ここまで読んでくださった皆さんは、「自分には何もできないんじゃないかな？」「自分が行動しても、何も変わらないかもしれない」と無力さを感じてしまったかもしれません。実は私自身も仕事を続けていて、この無力さと向き合わなければならないことがたくさんあります。なぜなら写真という手段は、直接人の命を救えるものではないからです。

　ヨルダンの病院を取材していたとき、アブドゥラくんという5歳の男の子に出会ったことがあります。爆撃から逃れてきたアブドゥラくんの頭には手術のあとがいくつも痛々しく残され、名前を何度呼んでも空を見つめたままでした。そんなアブドゥラくんの写真を、一緒に避難していたお母さんの元に持っていったことがありました。最初は渡していいものか、随分と迷いました。怪我を負って力なく横たわるアブドゥラくんの写真は、決して幸せな瞬間を写したものではなかったからです。ところがお母さんは、手をたたいてそれを喜んでくれました。「ありがとう！ 私たちほとんど何も持ち出せずに避難してきたの。きっとこの子が小さかった頃の写真も皆焼けてしまったわ。今度はアブドゥラが元気になって、外を走り回っている様子を撮りにきてちょうだい」と。私が滞在中最後に会ったとき、アブドゥラくんは小さな体をはじめて起こしてくれ、微かにこちらに手を振ってくれたのです。きっと外を走り回っているアブドゥラくんの写真を撮る日は近い。そう信じて疑いませんでした。

　しかしその夢は、二度と叶わないものになってしまったのです。私が帰国をしてからわずか一週間後、容体が急変します。お医者さんたちは手を尽くしましたが、小さな命がまたここでひとつ、失われてしまいました。「なぜ？ どうして？」と湧き上がってくる疑問に、私もまだ答えにたどり着いていません。

小さな輪がやがて大きく広がっていく

　傷ついた子どもたちをファインダー越しに見つめるとき、毎回願いを込めてシャッターを切ります。まずはこの子が少しでも早く、元気になって、また駆け回れる日が来ますように。そしてまた、同じような思いをする子どもたちが、これ以上増えませんように、と。そう願っては、打ち砕かれる、その繰り返しです。

　もしも私が子どものころ、医者になる、と決めていたらどうだったでしょうか？ アブドゥラくんの治療に手を尽くし、その命を救えたかもしれません。もしも私がNGOで働いていたらどうだったでしょうか？ 残されたお母さんや、他の子どもたちに寄り添って活動を続けることができたかもしれません。"伝える"という仕事に、何か意味があるのだろうか？ と自問自答します。もしも皆さんだったら、どんな答えをここで導き出すでしょうか？

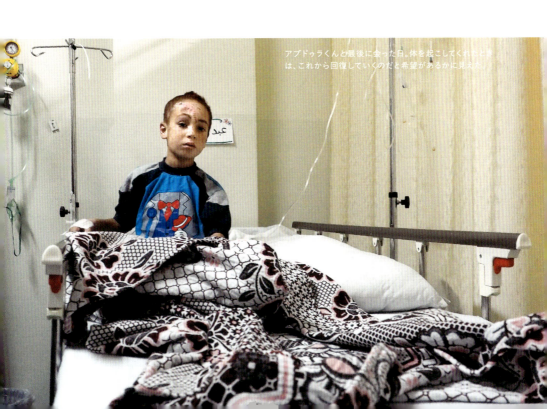

アブドゥラくんと最後に会った日。体を起こしてくれと彼は、これから回復していくのだと希望があるかに見えた。

Chapter_03　私たちに何ができるのか

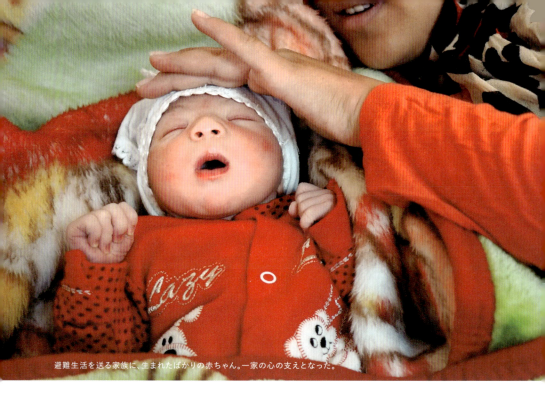
避難生活を送る家族に、生まれたばかりの赤ちゃん。一家の心の支えとなった。

　そんなとき、現地のNGOの方から頂いた言葉があります。「なつきさん、これは役割分担なんですよ。自分たちNGO職員には、ここに踏みとどまって人々を支えることができるかもしれない。けれどもここで何が起こっているのかを世界に知らせるのは、時にはとても難しいことがある。あなたは少なくとも通い続けることはできるし、ここで何が起こっているのかを世界に広めることができるのだから」と。

　人を支える形は様々です。現場で医療や食糧支援を続ける人、それを支えるために遠くから必要な資金を送る人、それを伝える人、その伝わったものを家族や友人、身近な人に広めていく人……。ひとりの人間がすべての役割を果たすことはできません。けれどもそれぞれができることを少しずつ持ち寄れば、小さかった輪がやがて大きく広がっていくかもしれません。

　皆さんはこれからそれぞれ、自分自身の道を切り開いていくことと思います。どんな立場にも職業にも、必ず持ち寄り合える役割があるはずです。大切なのは

皆さんが今感じている「無力さ」を忘れないことだと思っています。「今は何もできないけれど、何かしたい」と思うその気持ちが、心の種となって将来、行動のチャンスが訪れたときに必ず花を咲かせるでしょう。

世界をもっと、優しい場所にしていくために

　最後に、この世界は決して、悲しみや苦しみだけでできているわけではないということを伝えさせてください。あるとき、私が泊まらせてもらっていたシリア人の家庭で、明け方、娘さんが産気づいた！ と大騒ぎになったことがありました。幸い安産で無事に生まれた女の子の頬を優しくなでながら、「この子にいつか、故郷の姿を見せるのが私の夢よ」とお母さんが愛おしそうに語ります。小さな、けれども確かな光を得たような気持ちでした。生まれたばかりの小さな命にシャッターを切りながら、私も心の中でそっと語りかけます。「ようこそ、この世界へ。あなたが生まれてきたことを、心から喜び、そして誇れるように。私たちができることを重ねていくからね」と。悲しい現状を「何とかしたい！」という気持ちだけではなく、この愛おしい瞬間を「守りたい！」という力が湧き上がってくる瞬間にも、たくさんめぐり合ってきました。

　イラク人の友人にこんな言葉をかけられたことがありました。「あなたが沈黙してしまったら、世界はどうなるでしょうか？ その沈黙が集まり、様々な声をないものとして扱ってきたのが、今の世界の姿なんです」。ひとりの人間として、沈黙ではない道を選びたい、と強く感じた言葉でした。皆さんがこれから生きていく社会、あのとき生まれた赤ちゃんがこれから育っていく世界を、もっと優しい場所にしていくために。例えばこの本を通して出会った子どもたちのことを、家族や友達、身近な人に伝えること、一緒に考えてみること、小さくても声の輪を広げられる可能性は、実は私たちの近くにたくさんあふれているはずです。どうかこれからも一緒に、そんな声を持ち寄ってください。最後まで読んでくださった、感謝を込めて。

支援をしたい！と思ったら

P.05　認定NPO法人 国境なき子どもたち

「世界の恵まれない青少年を支援すること」、そして「日本の一般市民、とりわけ若い世代の人々に対し教育啓発すること」を使命とし、1997年に日本で設立。アジア各地での教育支援をはじめ、東日本大震災以降は東北の青少年支援も継続している。

http://knk.or.jp

P.30　NPO法人 日本イラク医療支援ネットワーク（JIM-NET）

イラク国内における、がん・白血病の医療支援を目的に設立。現在は福島支援、難民支援にも力を入れている。イラクではシリア難民の妊産婦支援、ナブラスさん（P30）をはじめ、ISから逃げてきた女性、子どもたちの医療支援、ヨルダンでは病院やリハビリセンターに通う医療バスの運行や義肢の支援、PT（理学療法士）によるトレーニングなどを行っている。

http://jim-net.org

P.35　認定NPO法人 国際地雷処理・地域復興支援の会（IMCCD）

2011年7月に設立。タイと国境を接するカンボジア北西部バッタンバン州のカムリエン郡、プノンプラ郡、サンパウルーン郡及びパイリン州において地雷・不発弾処理と地域の復興支援活動を地元住民と共に行っている。

http://www.imccd.org

写真で伝える仕事
世界の子どもたちと向き合って

発行：	2017年3月12日　初版第1刷発行
	2024年6月1日　　第8刷発行
著者：	安田 菜津紀
発行人：	片村 昇一
編集：	坂本 太士
発行所：	株式会社日本写真企画
	〒104-0032 東京都中央区八丁堀4-10-8 第3SSビル601
	TEL:03-3551-2643　FAX:03-3551-2370
印刷・製本：	株式会社東京印書館
写真提供：	渋谷 敦志（P.09）
デザイン：	生駒 浩平（sai company）

本書の無断転載、複写、引用は著作権法上の例外を除き禁じられています。
落丁・乱丁の場合はお取り替えいたします。

ISBN978-4-86562-045-0 C0036 ¥926E
Printed in Japan
©Natsuki Yasuda